Había una vez

un barco chiquitito

JEAN-PIERRE MARTINEZ

Había una vez

un barco chiquitito

La Comédiathèque
comediatheque.net

PERSONAJES

Max

Diana

Consuela

Carlos

Sergio

Amanda

María

Los papeles de Maximiliano (o Maximiliana) y Sergio (o Sergia) son indiferentemente masculinos o femeninos.

© La Comédiathèque
ISBN 978-2-38602-078-0

Cuadro 1

El puente de un barco de pesca. Al fondo, un timón. En algún lugar, una boya de salvamento con el nombre del barco: "El Emprendedor". Delante, dos tumbonas. Max, con una gorra de capitán en la cabeza, despliega un mapa para estudiarlo. Lo mira al revés, lo pone en la posición correcta y luego mira a su alrededor, tratando de orientarse. Diana, con un aspecto de mujer de negocios, llega arrastrando una maleta de lujo con ruedas. Después de una ligera vacilación, se dirige a Max.

Diana – ¿Has consultado la meteorología marina esta mañana?

Max pliega precipitadamente el mapa.

Max – Sí, y anuncian niebla.

Diana – Qué contraseña más estúpida...

Max – Las contraseñas siempre son un poco estúpidas.

Diana – La pregunta es... ¿por qué una contraseña?

Max – En estos tiempos... Si supiera cuánta gente estaría dispuesta a matar a su propia madre para salir de esta isla lo antes posible. ¿Está segura de que nadie la ha seguido?

Diana – No lo creo...

Max – Bueno... Aun así, le pediría que no hable demasiado alto. Desde el puente de un barco, ya sabe, las voces se oyen muy lejos. Y no es imposible que nos estén observando...

Diana – ¿No cree que está exagerando un poco?

Max – Es mi deber velar por la seguridad de los pasajeros. Ya conoce la fórmula. Único maestro a bordo después de Dios. Y como no creo demasiado en Dios...

Diana mira a su alrededor.

Diana – ¿Así que usted es el... capitán de este barco?

Max – Soy yo, sí. Pero por favor, llámeme Maximiliano.

Diana – Maximiliano... Es curioso, ese nombre me suena vagamente.

Max – O Max, para los amigos.

Diana (*fríamente*) – Diana de la Torre Molinos.

Max – Diana, muy bien.

Diana – Hablaba de un yate... No me esperaba esto.

Max – Lamentablemente, tuve que dejar mi yate en dique seco para la revisión técnica. Un amigo me prestó este. Pero le aseguro que...

Diana – Se parece mucho a un barco de pesca, ¿no?

Max – Mi amigo es pescador, en efecto. Bueno... pesca de altura, por supuesto. Atún... o pez espada.

Diana – Por el olor, yo diría que es más bien pesca de bacalao...

Max – Debe de venir del puerto... Cuando estemos en alta mar, verá, sólo se sentirá el aire marino.

Diana – ¿Y está seguro de que este barquito es adecuado para alta mar?

Max – Sólo estamos a unos treinta kilómetros del continente... No se puede hablar realmente de alta mar.

Diana – Bueno y... ¿cuánto tiempo dura la travesía?

Max – Diría que una hora escasa, no más.

Diana – Vale...

Max – Dos como máximo, si los vientos no nos son favorables.

Diana – ¿Los vientos? No me diga que es un barco a vela... Ya me está cobrando suficiente por el combustible.

Max – No se preocupe, es un barco a motor.

Diana – ¿Puedo ver mi camarote?

Max – ¿Su camarote?

Diana – Ah, de acuerdo...

Max – Hay dos literas abajo. Pero le advierto, es bastante básico.

Diana – Dígame que al menos hay baños...

Max – Oh sí, por supuesto.

Diana – Bueno...

Max – Le dije que solo se trata de un viaje de una o dos horas. No vamos a pasar la noche. (*Más bajo*) Bueno, espero que no...

Diana – ¿Perdón?

Max – No, solo decía... Si quiere relajarse un poco en la cubierta mientras tanto.

Diana – No estoy segura de poder relajarme tan fácilmente. Supongo que tampoco sirve cócteles.

Max – Lo siento, el barman se tomó el día libre. Pero siéntese en esta tumbona.

Diana – Gracias, voy a quedarme de pie. ¿En cuánto tiempo zarparemos?

Max – Bueno... zarparemos tan pronto como todos estén aquí.

Diana – ¿Todos? ¿Qué quiere decir con todos?

Max – Los demás.

Diana – Ah, ¿porque hay otros pasajeros?

Max – Con esta huelga sorpresa de la compañía de ferry, mucha gente está atrapada en esta isla. Todos buscan desesperadamente una manera de regresar al continente. A cualquier precio...

Diana – Entonces se has improvisado como coyote...

Max – Solo estoy tratando de ser útil.

Diana – A cambio de dinero...

Max – No estaba obligada a aceptar... Por cierto, si no le importa, preferiría ser pagado por adelantado. Y en efectivo...

Ella busca en su bolso y le entrega algunos billetes.

Diana – Aquí está su dinero... *(Irónica)* Capitán...

Max – Gracias.

Diana – Esto parece una mala versión de una película negra americana.

Max – ¿En serio?

Diana – Tener y no tener, por ejemplo. Excepto que usted no te parece en nada a Humphrey Bogart.

Max – Ni usted a Lauren Bacall... Voy a encender el motor. Si necesita algo, solo silba. ¿Sabe silbar, Diana?

Se va sin esperar la respuesta. El teléfono móvil de Diana suena y ella responde.

Diana – Sí, señor Director, acabamos de firmar el contrato, estaba a punto de llamarle de hecho. Sí, pero tengo dificultades para encontrar un medio de transporte para volver al continente. Los marineros de la compañía de ferry han dejado de trabajar. ¿Qué podemos hacer? Ahora, incluso en los paraísos fiscales, no estamos a salvo de una huelga. No se preocupe, estaré allí mañana por la mañana para la reunión del consejo de administración. Con el contrato firmado, sí, se lo prometo... Sé que su reelección en el consejo depende de esto... Y los accionistas esperan resultados... No le decepcionaré, señor Director...

Amanda llega, vestida de forma sexy pero bastante vulgar. También lleva una maleta, pero más común y usada, cubierta de etiquetas que evocan innumerables destinos de viajes. Diana, completamente absorta en su conversación telefónica, no nota su llegada.

Diana – Sí, también estoy llevando todo el dinero que estaba en la cuenta secreta que me pidió que liquidara. En efectivo, sí, como acordamos... En el doble fondo de mi maleta, eso es. Sí, es cierto, si podemos evitar la aduana... Bueno, encontré un lugar en una especie de barco pesquero. Es bastante pintoresco... Así es, se lo contaré. Buen día, señor Director.

Guarda su teléfono móvil.

Amanda – Hola. ¿Has mirado el tiempo esta mañana?

Diana finalmente nota su presencia.

Diana (*aún distraída*) – ¿No por qué?

Amanda – Lo siento, pensé que...

Diana – Ah sí, claro... perdón... creo que anuncian tormenta.

Amanda – Pensé que era niebla, más bien...

Diana – Sí, bueno, niebla, tormenta... ¿a quién le importa, no?

Amanda – ¿Eres la dueña?

Diana – ¿La dueña?

Amanda – Reservé un pasaje en esta patera. ¿Dónde está el coyote?

Diana – Creo que está calentando el motor.

Amanda – Entonces voy a esperarlo aquí. (*Le tiende la mano*) Yo soy Amanda. ¿Y tú?

Diana (*sin tomarle la mano que le tiende*) – Diana de la Torre Molinos.

Amanda – Qué suerte que pudimos encontrar un pasaje, porque si no, nos habríamos quedado aquí como focas en el hielo. Una huelga sorpresa, así, sin previo aviso. No debería estar permitido.

Diana – Al mismo tiempo, si hubieran presentado un aviso previo, ya no sería una huelga sorpresa...

Amanda – ¿También tienes prisa por irte?

Diana – Sí, se puede decir eso...

Amanda – ¿Tienes una cita urgente? ¿O tienes algo que ocultar...? Yo también preferiría evitar la aduana...

Diana – No se sienta obligada a hablar conmigo, ya sabe.

Amanda – Vamos a pasar tres o cuatro horas juntas, hablemos un poco. Pasará más rápido, ¿no?

Diana – ¿Tres o cuatro horas? ¡El capitán me habló de una hora corta!

Amanda – A mí me dijo medio día, creo.

Diana – Entonces, es hora de partir. Si queremos llegar antes de la noche. No sé qué espera.

Amanda – Supongo que a los otros pasajeros.

Diana – ¿Sabe cuántos somos exactamente?

Amanda – Yo diría alrededor de diez, ¿no?

Diana – ¡Pero esto no es posible! ¡No vamos a caber diez en este barco!

Amanda – Parece que nunca has tomado el autobús entre las 7 y las 8 de la mañana.

Diana – Bueno, tal vez la sorprenda, pero no. De hecho, nunca he tomado el autobús.

Amanda – Trabajas en casa...

Diana – No, pero solo me muevo en coche con conductor.

Amanda – Ya veo... ¿Y qué haces en tu trabajo?

Diana – Estoy en finanzas. No le pregunto el suyo...

Amanda – ¡Puedes hacerlo! No tengo nada que ocultar, ya sabes...

Max vuelve y ve a Amanda.

Max – ¡Ah! Debes ser Amanda.

Amanda – Sí... ¿Cómo me reconociste?

Max – No lo sé... Intuición masculina, supongo. Digamos que... te pareces mucho a tu nombre.

Diana – Bueno... Ahora que las presentaciones están hechas, quizás deberíamos levantar anclas.

Max – Sin duda es solo una forma de hablar, pero debes saber que en un puerto nunca se levantan las anclas. Soltamos amarras...

Diana – Bueno, entonces que las cosas queden claras entre nosotros, Capitán: no vine aquí para sacar mi licencia de navegación. Y si hubiera podido, habría tomado un avión. ¿Cuándo despegamos?

Max – Tan pronto como lleguen los últimos pasajeros, lo prometo...

Diana – ¿Y cuándo llegan? ¡No tengo todo el día! Me esperan en París mañana por la mañana.

Max – Ah, justo llegan ahora.

Llegan Consuela, una dama muy elegante, acompañada de Carlos, un tipo gigoló, que lleva sus dos maletas.

Consuela – ¿Eres tú, el emprendedor?

Max – No es exactamente la contraseña, pero creo que vamos a olvidar ese detalle...

Consuela – Hice una reserva hace un momento. A nombre de Del Rollo.

Max – Muy bien, Sr. y Sra. Del Rollo.

Consuela – Es el apellido de mi compañero, no el mío.

Carlos – No estamos casados. Todavía...

Max – En cualquier caso, ¡bienvenidos a bordo!

Consuela – ¿Tenemos que registrar las maletas?

Diana – Tenga cuidado, podría cobrarle un exceso de equipaje.

Max – No estamos en Ryanair... Vamos a considerar que son equipajes de mano.

Consuela – Carlos, pon las maletas aquí.

Carlos – Enseguida, mi amor.

Coloca las maletas en una esquina.

Max – Uh... Creo que el Sr. no estaba en la lista de pasajeros... Todavía no he recibido su contribución.

Consuela – Bueno... Puedes contar con él como equipaje de mano también...

Max – No sé si...

Carlos – En fin, cariño, no soy una maleta.

Consuela – Estoy bromeando, Capitán. Pagaré por los dos. Como siempre...

Diana – Ya que estamos completos, podemos irnos, ¿verdad?

Max – Todavía me falta un pasajero. Pero qué importa. Creo que ya no vendrá. Era mi primer cliente. De hecho, alquilé este barco para él.

Diana – Ya... Debería haber llegado a tiempo. Y si pudiéramos izar el ancla...

Max – Sé que es una forma de hablar, pero... (*Su teléfono suena*) Hola... Sí... Es decir... estábamos a punto de zarpar, de hecho... ¿En cinco minutos, de verdad? Bien... ¿Y recuerda la contraseña? Eso es... y creo que pronostican lluvia... De acuerdo, entonces te esperamos, pero date prisa...

Guarda su teléfono.

Diana – ¿Qué pasa ahora?

Max – Será el último, se lo prometo. Llega enseguida. No podemos irnos sin él, ya me pagó por adelantado...

María, una joven bastante reservada con un crucifijo alrededor del cuello, y muy embarazada, llega sin aliento.

María – ¿Vas al continente?

Max – Sí... Pero en principio, estamos completos...

María – Estoy embarazada, como puedes ver.

Diana – ¡Más razón para no embarcar con nosotros! ¿Se imagina si da a luz durante la travesía?

María – Tenía planeado tomar el ferry hoy. Me esperan en la clínica allá, al otro lado. No hay una maternidad digna de este nombre aquí.

Consuela – Los paraísos fiscales rara vez son conocidos por la calidad de sus servicios públicos.

Max – Es decir... tengo instrucciones de seguridad.

María – ¡En el nombre del Señor! Por favor...

Carlos – Tal vez podemos hacer una pequeña excepción a las reglas. Dado el estado de la señora...

María – Tengo dinero. Le pagaré.

Max – En ese caso... no vamos a dejar que esta pobre mujer dé a luz en el puerto.

María – ¡Gracias! Dios se lo recompensará... ¿Cuál es su nombre, capitán?

Max – Maximiliano.

María – Si nos lleva a buen puerto, prometo bautizar a este niño Maximiliano. Si es un niño. Y Maximiliana, si es una niña.

Max – Me siento muy halagado. Pero también recuerden pagar el precio del viaje.

María – Por supuesto. ¿Cuánto es?

Max – Quinientos euros por persona.

María – ¿Por persona?

Amanda – No le vas a cobrar por el bebé que lleva dentro.

Max – No, no se preocupen. El viaje es gratis para él. Para usted son quinientos euros.

María – Ah, vaya... ¿No es mucho?

Max – Es por la gasolina.

Carlos – No pensé que la gasolina fuera tan cara en los paraísos fiscales.

Llega Sergio, un hermoso moreno tipo mafioso.

Sergio – Hola, Capitán. Sergio. Fui yo quien le llamó.

Max – Sergio, exacto... ¿Solo tiene esa pequeña maleta?

Sergio – Sí, tengo la costumbre de viajar ligero. Pero no sabía que habría otros pasajeros... (*Saludando a la compañía*) Señores y señoras...

Max – Ya que estamos, pensé que sería tonto no hacerlos disfrutar del viaje. Con esta huelga...

Carlos – Hola, señor. Pero ya nos hemos visto antes, ¿verdad?

Consuela – Cállate, idiota.

Carlos se retira y se pone en segundo plano.

Carlos – Debo confundirle con otro...

Sergio – A menudo me confunden con otros. Es el drama de mi vida...

Max – Tomen asiento, por favor... Lo siento, no tenía suficientes tumbonas para tanta gente.

Sergio (*señalando a María*) – Propongo que reservemos una para esta señora. Debido a su estado...

Diana – Claro... Y los demás se sentarán por turnos.

Sergio – Con mucho gusto le cederé mi lugar si lo desea, querida señora.

Diana – Gracias... Al menos hay un caballero a bordo de este barco.

Max – También hay dos literas abajo... pero les advierto que huele un poco a marisco.

Sergio – Ya que estamos todos aquí, podemos irnos.

Max – Muy bien. Entonces, permítanme que me excuse. Voy a volver a mi puesto de mando.

María (*haciendo la señal de la cruz*) – ¡Que Dios nos proteja!

Max se coloca detrás del timón y parece vacilar un poco sobre qué camino tomar.

Max – ¡Adelante, a toda máquina!

Sergio – Pero discretamente, si es posible. Les recuerdo que normalmente, antes de dejar esta isla tan acogedora para regresar al continente, se supone que debemos pasar por la aduana...

Carlos – Acogedora para los grandes patrimonios, al menos...

Consuela – E incluso los grandes matrimonios...

Diana – Lo único que faltaría es que nos detuvieran los guardacostas al llegar a Francia. Personalmente, no tengo nada que esconder, pero bueno...

Consuela – Claro... Aquí, nadie tiene nada que esconder, ¿verdad?

Max – No se preocupen, nos iremos en secreto. (*Acciona una palanca, pero parece bastante sorprendido por el resultado, que es el sonido de una sirena de barco.*) Lo siento, eso no era lo que quería hacer en absoluto...

Carlos – Para una salida discreta, es un éxito...

María – ¿Está usted solo al mando de este barco, Capitán?

Max – Es un barco pequeño, ya saben, un piloto es suficiente.

María – Normalmente, hay un segundo.

Amanda – Al menos en los aviones es así. Si el piloto tiene un ataque, el segundo toma el control.

Max – Pero no estamos en un avión. ¿Qué puede pasarnos?

Amanda – Eso es lo que decían también los pasajeros del Titanic...

Max – Y mira, ¡se ve la costa desde aquí!

Los demás miran hacia el mar.

Carlos – No veo nada...

Consuela – Yo tampoco...

Sergio – Hay que decir que se anuncia niebla.

Diana – Mientras no sea una tormenta...

Sergio (*más bajo*) – O un tsunami...

Diana – ¿Tiene alguna información especial al respecto?

Sergio – No, no, nada en absoluto...

Max acciona otra palanca y esta vez se escucha el rugido del motor.

Max – ¡Vamos! ¡Esta vez, es la buena!

Negro.

Cuadro 2

Max sigue al timón. Sergio no ha soltado su maletín. Diana y Amanda están dormitando en las tumbonas. Carlos, Consuela y María, sentados en sus maletas, aguantan con paciencia.

Consuela *(a Carlos)* – No deberías estar sentado en esa maleta, la estás dañando...

Carlos – Pero, Consuela...

Consuela – ¿Podrías dejar de discutir todo lo que digo? ¡Es molesto!

Carlos – Lo siento... *(Se contiene y se levanta.)* De todas formas, el clima es magnífico.

Consuela – Sí... Tomaremos color. *(A María)* Te vendrá bien, pequeña, porque estás un poco pálida... ¿Cómo estás?

María – ¿Cuánto tiempo llevamos fuera?

Carlos – ¿Un poco más de dos horas, no?

Consuela – Y aún no vemos la costa...

Carlos – ¡Pero si, mira allá!

Consuela – Ah, sí, quizás...

María – Empiezo a marearme.

Consuela – Cuando estás embarazada, no es recomendable tomar el barco.

Carlos – Pobre... No siempre hacemos lo que queremos. *(Tratando de ser amable)* ¿Y sabes quién es el padre?

María le lanza una mirada ofendida.

Consuela – Pero, Carlos, esas no son preguntas que se le hagan a una mujer honesta...

Carlos – Perdón, me expresé mal. Quería decir... ¡El papá va a estar contento! ¿Es un niño o una niña?

Consuela – Vamos, Carlos, ¡el papá siempre es un niño! Incluso con el matrimonio igualitario, no cambiaremos eso. Siempre se necesita una semillita...

Carlos – Hablaba del bebé, por supuesto. ¿Un niño o una niña? Es lo que se pregunta normalmente en estos casos, ¿no?

Consuela – Un niño o una niña... Por supuesto... Estaba bromeando, obviamente. Mi pobre Carlos... ¿Y entonces? ¿Es un niño o una niña?

María – No lo sé... Prefiero tener la sorpresa.

Consuela – Tienes razón. Yo tampoco quería saber. De hecho, en mi época, no había elección. Se tomaba lo que venía, y ya está.

María – Los niños son un regalo de Dios.

Consuela – Sí... A mí me dio siete. Todas niñas. (*Bajando la voz, como para ella misma*) Si hubiera podido ahogar a una o dos... Pero al final, fue mi marido quien murió. Ahogado, precisamente. Si no, no sé cuántas niñas más me habría regalado el buen Dios... Créeme, querida, en esos años, el mejor método anticonceptivo todavía era la viudedad...

Carlos – Sí... Era otra época... Todavía no había internet. La televisión era en blanco y negro, pero el mundo ya estaba en colores.

Consuela – En qué mundo vivimos... Pronto se podrá elegir el sexo de su hijo, su color de cabello, su coeficiente intelectual... ¿Lo encuentran normal? (*A María*) ¿Tú, qué opinas de eso?

María – Me da ganas de vomitar.

Consuela – Créanme, si en nuestra época hubiéramos podido elegir a nuestros hijos, hoy en día, todo el mundo estaría poblado de grandes rubios con el CI de Einstein.

Carlos – Como lo deseaban los nazis.

Consuela – Sí... Y probablemente no estarías aquí para hablar de ello, mi pobre Carlos.

Carlos – Afortunadamente, nosotros ganamos la guerra.

Consuela – ¿Ganaste la guerra, tú? Mi pobre amigo... Ni siquiera sabes cómo matar a un mosquito en una habitación, ¿y quieres liberar a Francia de los nazis?

Carlos – Y usted, señor?

Sergio – Sergio, es mi nombre.

Carlos – Encantado. Yo soy Carlos. ¿Y usted, qué hace en la vida, Sergio?

Consuela – No seas tan indiscreto, Carlos...

Diana y Amanda salen de su somnolencia.

Diana – Perdón, me dormí un poco.

Amanda – Creo que incluso roncaste al principio...

Diana – ¿Todavía no hemos llegado?

Amanda – Pues no... Tarda mucho, ¿verdad?

Diana – ¡Capitán! ¿Estamos lejos todavía?

Max – No se preocupe, nos estamos acercando, por lo menos.

Amanda – Sin embargo, todavía no veo la costa...

Diana (*mirando su reloj*) – ¡No es cierto! ¡Hace dos horas que salimos y todavía no vemos la costa!

Max – Es un barco pequeño, ya saben, y estamos muy cargados...

Diana – ¿De quién es la culpa? ¡Usted hizo sobreventa para llenarse los bolsillos!

Max – Solo quería ayudar...

Consuela – Eso es... Aprovechándose de la miseria del mundo...

Max – La miseria del mundo... Tal vez no deberíamos exagerar tanto.

Consuela – Siempre somos pobres para alguien, ¿verdad, Carlos?

Sergio – ¿Está seguro de que es por aquí, al menos?

Max – ¿Qué cosa?

Sergio – ¡El continente! ¿Está seguro de que es por aquí?

Max – ¿Seguro? ¡Por supuesto! ¿Qué piensa? ¡Tengo mi brújula!

Sergio – Después de tanto tiempo que hemos estado navegando, deberíamos ver la costa, ¿no?

Max – Sí... No me doy cuenta bien... (*Más bajo*) Es la primera vez que hago esto...

Diana – ¿Qué?

Max – No, quiero decir... ¡Es la primera vez que hago este viaje con este barco! Por lo general, es con mi yate. El motor es mucho más potente...

Consuela – Parece que el clima se está poniendo malo, ¿no?

Carlos – Sí, está cambiando a tormenta.

Max – Solo es un poco de niebla, no se preocupen.

Amanda – ¿Revisaste la previsión del tiempo marítimo esta mañana?

Max – Sí, y anunciaron niebla...

Amanda – ¡No te estoy preguntando por la contraseña! ¿Realmente revisaste la previsión del tiempo marítimo?

Max – Ah, eh... No... ¿Para qué?

María – Me siento mareada...

Amanda – ¡Podrías haber revisado la previsión del tiempo de todas formas!

Max – ¡Habría que saber! Todo el mundo estaba apurado por irse y ahora habría que revisar la previsión del tiempo.

Sergio – Déjame ver esa brújula.

Max – ¡Qué confianza! Sé cómo leer una brújula.

Sergio toma la brújula que Max le da.

Sergio – ¿Dónde está la costa?

Max – Hacia el este. Bueno... hacia el noreste.

Sergio – ¿Este o noreste?

Max – Digamos noreste. Pero la costa es grande, ya sabe. No vamos a perdérnosla.

Sergio – A menos que hayamos partido en la dirección equivocada...

Sergio mueve un poco la brújula, orientándola en diferentes direcciones.

Sergio – En una brújula, se supone que la aguja siempre indica la misma dirección, ¿no? Incluso cuando la giras en otra dirección.

Max – Por supuesto.

Sergio – Entonces, ¿por qué en esta brújula la aguja gira con la brújula?

Diana – ¡Esto es una broma! ¿Es para una cámara oculta, verdad?

Max – Déjame ver... (*Toma la brújula y la gira en todas las direcciones*.) Mierda, tienes razón. Parece que la aguja está atascada.

Sergio – Así que no sabemos a dónde vamos...

Max – Justo antes de salir, se me cayó de las manos y se cayó al suelo. Debe estar rota...

Diana – ¡Dígame que no es verdad!

Carlos – Podríamos haber navegado con el sol, pero justo con esta niebla ya no lo vemos...

María – Creo que voy a vomitar.

Amanda – Mejor ve a hacerlo allá atrás, porque con el viento... nos caerá todo encima.

Sergio – Es cierto que está soplando cada vez más fuerte.

María se va apresuradamente.

Diana – ¡Pero está loco!

Max – Lo siento... Realmente pensé que íbamos en la dirección correcta. Pero es cierto que... también estaba empezando a preguntarme por qué aún no veíamos la costa.

Sergio – ¿Tienes tu licencia?

Max – Sí, por supuesto! Como todos...

Sergio – Hablo de la licencia de navegación.

Max – Bueno, la verdad... por lo general, estoy acostumbrado a navegar en mi yate.

Sergio – ¿Y...?

Max – Mi yate, normalmente no lo piloto yo. Tengo una tripulación para eso...

Sergio – Entonces, no tienes licencia y no sabes nada de navegación en el mar.

Max – No pensé que fuera tan complicado. Con buen tiempo, casi se ven las costas francesas desde este paraíso fiscal...

Consuela – Oh Dios mío... Estamos perdidos... Todos moriremos...

Max – No dramaticemos.

María regresa.

María – Ah, está mejorando...

Carlos – ¿En serio?

María – ¿Qué está pasando? ¡Tienen una cara!

Diana – El capitán no tiene licencia de navegación y estamos perdidos en el mar, eso es lo que pasa.

Carlos – Ah, esta vez creo que realmente veo algo en el horizonte.

María – ¡Estamos salvados!

Consuela – ¿Estás seguro?

Amanda – Sí, pero es extraño, parece que la costa se acerca a nosotros a una velocidad fenomenal...

Todos miran hacia el fondo de la sala, que representa la línea del horizonte.

Sergio – No es la costa... ¡Es una enorme ola!

Max – No... Nunca he visto algo así...

Diana – La ola viene directo hacia nosotros.

María – Si saben una oración, es el momento de recitarla...

Negro

Cuadro 3

Están todos allí, apretados uno contra el otro, petrificados.

Carlos – Casi pensé que todos íbamos a morir.

Max – Sí, casi nos engulle.

Consuela – Pero la ola pasó por debajo del barco sin hacerlo volcar.

María – ¡Es un milagro! ¡Gracias a Dios!

Diana – Tenía tanto miedo... *(Más bajo)* Incluso creo que tuve un orgasmo...

María – Por mi parte, ya ni me duele el estómago.

Consuela – Por suerte, no había más olas detrás.

Sergio – Y ahora el mar está tranquilo de nuevo.

Carlos – Entonces, tal vez todavía tengamos una oportunidad de salir de esto...

Comienzan a relajarse un poco y a separarse.

María – Debemos mantener la esperanza.

Amanda – Si tomamos la dirección equivocada, solo tenemos que volver atrás, ¿no?

Sergio – Dar media vuelta en el mar no significa exactamente lo mismo que en una autopista, ¿sabes?

María – El cielo se despeja. Hay incluso un arco iris... ¡Es una señal de Dios!

Sergio – En cualquier caso, ahora que vemos el sol, podemos intentar orientarnos. Si el sol se pone en el oeste, solo necesitamos ir en la otra dirección.

Diana – ¡Entonces, ¿qué esperas, imbécil!?

Max – Desafortunadamente, no es tan fácil...

Diana – ¿Y por qué no? ¿No me digas que el timón también está defectuoso?

Max – No, pero casi no tenemos gasolina...

Diana – ¿Qué? ¡Pero nos has robado a todos antes de partir para llenar el tanque!

Max – Ya hemos recorrido un buen trecho... y solo llené el tanque a la mitad.

Sergio – ¿A la mitad?

Max – Pensé que sería suficiente para una travesía de dos horas...

Diana – ¿Estás bromeando?

Max – Me temo que no, desafortunadamente.

Consuela – Aquí estamos, todos embarcados en un bote que se hunde, piloteado por un marinero de agua dulce, y pronto nos quedaremos sin gasolina.

Sergio – ¿Escuché bien... un barco que se hunde?

Consuela – Bajé a la bodega hace un rato para buscar un baño que nunca encontré, por cierto. Y me pareció que había un gran charco en la parte trasera.

Amanda – ¿Capitán...?

Max – Es solo una pequeña fuga. Nada grave.

Carlos – ¿Y qué piensas hacer, llamar a un fontanero?

Diana – Lo que necesitamos hacer es llamar a los servicios de emergencia.

Max – Tal vez no debemos alarmarnos demasiado pronto.

Amanda – ¿Porque no crees que nuestra situación merece un poco de alarma?

Diana marca un número en su móvil. Sergio sale.

Diana – No hay señal...

Amanda – ¡Por supuesto que no hay señal! ¡Estamos perdidos en medio del mar!

Max – Perdidos... No hay que exagerar.

Diana – Lo voy a matar.

Amanda – Supongo que tampoco tienen radio de a bordo, ¿verdad?

Max – No vi nada que se pareciera a eso, desafortunadamente.

Carlos – ¿Estás seguro de que este barco es tuyo?

Max – Digamos que... lo tomé prestado de un amigo, al que no tuve tiempo de avisar.

Diana – ¡Y encima es un barco robado!

Sergio vuelve.

Sergio – De hecho, hay una vía de agua en la parte trasera. Si no empezamos a achicar agua de inmediato, dentro de una hora, el barco se hundirá.

María – No puede ser... Díganme que es una pesadilla y que voy a despertar...

Sergio – Vamos a establecer un turno para achicar agua. Pero mientras tanto, sería mejor descargar el barco de cualquier carga innecesaria.

Todos se miran con desconfianza.

Max – Podríamos empezar por las maletas...

Consuela – ¿Las maletas?

Amanda – ¡Estás bromeando!

Sergio – No hay manera.

Consuela – Al menos no la mía...

Diana (*a Max*) – ¿Y si empezamos por tirarle por la borda, Capitán?

Todos los ojos, amenazantes, se vuelven hacia Maximiliano

Negro.

Cuadro 4

Están todos aquí, excepto Max y Sergio. Parecen abrumados.

Consuela – Y pensar que en lugar de morir de sed en esta chatarra, podría estar tumbada en el jacuzzi de mi hotel de cinco estrellas en la paradisíaca isla que acabamos de dejar, tomando un cóctel exótico.

Carlos – Es verdad... Al final, no teníamos tanta prisa por irnos. No había nada tan urgente que hacer.

Consuela – ¡Habla por ti! ¡Tú nunca tienes nada que hacer! Yo tenía una cita esta mañana con mi cirujano en París...

Carlos – Bueno, se trata solo de una pequeña liposucción. No de una operación a corazón abierto...

Consuela – ¿Una pequeña liposucción? ¿Tú ya te has hecho una liposucción?

Carlos – No, al menos no ese tipo de liposucción...

Consuela – ¡Hablamos de eso cuando sepas lo que es, entonces!

Carlos – Perdón...

Consuela – Mi pobre amigo... A veces me pregunto qué hacemos juntos...

Carlos *(en voz baja)* – Sí, yo también...

Consuela – ¿Y aún respondes encima?

Diana – ¡Pero cierra la boca ya!

Consuela – Oye, ¿quién se cree que es esta?

Diana – Si yo fuera tú, Carlos, ya la habría tirado por la borda.

Amanda – Al menos perderíamos un peso.

Diana – Pero claro, eres demasiado blando para eso, pobrecito.

Carlos – Me gustaría que todo el mundo dejara de llamarme "pobrecito" o "pobre Carlos". Resulta molesto.

Diana – Lo siento... Pero supongo que si tuvieras dinero, no tendrías que aguantar a esa arpía.

Amanda – Al final, hacemos el mismo trabajo, tú y yo. ¿Verdad, Carlos? El trabajo más antiguo del mundo. Pero yo hago trabajo temporal, y tú tienes contrato fijo...

Consuela – Por ahora, está en período de prueba...

Carlos *(a Amanda)* – En cualquier caso, deja de llamarme "pobrecito". ¿Yo te llamo "gordita" acaso?

Amanda – ¡Pero este renacuajo va a ser el que acabe en el agua!

Amanda se acerca amenazante a Carlos. Consuela se interpone. Carlos se refugia cobardemente detrás de ella.

Consuela – ¡Manos quietas! Si alguien tiene que arrojar a este enano por la borda, soy yo.

Max vuelve con Sergio, poniendo fin a esta confrontación.

Sergio – El motor acaba de pararse. Nos hemos quedado sin combustible.

María – Jesús, María, José... Todos vamos a morir...

Max – Lo siento mucho... Pensé que medio tanque sería suficiente.

Diana – ¿Y qué ibas a hacer con el resto del dinero? ¡Hemos pagado quinientos euros cada uno! ¿No tenías suficiente para llenar el depósito por completo?

Max – Es una larga historia...

Sergio – Y quizás no es el momento adecuado para contarla.

Diana – El señor tiene razón. Sería mejor concentrarnos en tratar de encontrar una solución, ¿no creen?

Amanda – ¿Una solución? ¿En serio?

Diana – ¡Podemos fingir que estamos en un juego! ¡Un juego de escape!

Amanda – ¿Qué es eso?

María – Es uno de esos juegos en grupo que se practican en seminarios empresariales para unir a los empleados.

Diana – Sí... Encontrando juntos una forma de escapar de un lugar donde estamos encerrados

Consuela – Bueno... Si tiene una idea para sacarnos de aquí, señora que lo sabe todo, no dude en decírnosla...

Diana – No sé... Los teléfonos no funcionan... ¿Y si lanzamos una botella al mar? Con un mensaje adentro.

Carlos – Bravo...

Sergio – Y ¿qué pondría en ese mensaje para ayudar a los servicios de rescate a encontrarnos?

Diana – Fue solo una idea...

Amanda – Una idea estúpida, sí.

Diana – Tal vez, pero cuando haces una lluvia de ideas, no te censures. A veces, después de decir veinte tonterías, encuentras la buena idea.

Amanda – En ese caso, creo que ya has agotado tu cupo desde hace mucho tiempo. Es el momento adecuado para que nos des una idea genial.

Sergio – Baja un poco a la tierra, Diana. No estamos en un seminario empresarial. ¡Estamos en un barco a punto de hundirse!

Amanda – Si perdemos esta vida, no tendremos otras. Será game over y punto.

María – ¿Y si intentamos una oración colectiva? Quizás Dios nos ayudará...

Consternación general.

Consuela – Eso, y ¿por qué no una procesión?

Carlos – O un sacrificio humano...

Max – Vale, dijimos que teníamos derecho a veinte tonterías...

Sergio – A menos que Dios pueda convertir el agua en gasolina...

Max – Sí... Entonces solo tendríamos que ir a la bodega. Porque ya nos llega hasta las rodillas... Por cierto, alguien debería volver a sacar agua...

Sin reacción.

Carlos – Ya deberíamos estar izando una señal de socorro. En caso de que un helicóptero de la policía sobrevuele el área, para que sepa que estamos en peligro.

María – Sí, podríamos hacer eso...

Silencio incómodo.

Consuela – Por otro lado, no todos estamos en una situación muy regular...

Diana – Tranquila, no somos inmigrantes ilegales.

Consuela – Aun así, si la policía nos pidiera que abriéramos nuestras maletas...

Amanda – Yo no tengo nada que ocultar.

Consuela – Ah sí, ¿entonces abre tu maleta y muéstranos lo que hay adentro?

Amanda – No tengo que recibir órdenes de ti.

Max – Cuando sales de un paraíso fiscal en un barco de pesca, no necesariamente traes pescado en tu equipaje, eso está claro.

Amanda – ¿Entonces qué hacemos? ¿Prefieren que todos muramos ahogados?

Momento de vacilación.

Sergio – Vale. Me encargo de la bandera.

Sale.

María – Empezamos a tener mucha sed.

Carlos – Morir de sed cuando estamos rodeados de agua. ¡Qué situación más absurda!

Diana – ¿Eso es todo lo que te parece absurdo en esta situación?

Consuela – No se te ha preguntado nada a ti.

Max – Tranquilos, tengo algunas botellas en la bodega.

Carlos – Definitivamente, tenías casi todo previsto, Capitán...

Diana – ¿Cuántas botellas?

Max – Dos.

Consuela – ¿Grandes?

Max – Treinta y tres centilitros.

Carlos – Ah sí, ahora estamos más tranquilos...

Diana – A quinientos euros el billete, al menos podrías haber previsto algunas bebidas...

Amanda – Dos botellas de treinta y tres centilitros son sesenta y seis centilitros.

Consuela – Bravo, al menos sabes contar...

Amanda – Somos siete. Ni siquiera llega a diez centilitros por persona.

María – Tendremos que establecer un sistema de racionamiento. Creo que las mujeres embarazadas deberían tener prioridad.

Diana – ¿Ah sí? ¿Y por qué eso?

Carlos – Y luego, qué idea, para una mujer embarazada, venir de vacaciones a esta república bananera. ¿Qué hacías aquí, en realidad?

María – ¿Yo te hago preguntas? Y tú, ¿estabas en tu luna de miel? En una isla tan grande como tres campos de fútbol, pero con cinco bancos por metro cuadrado...

Silencio.

Max – Por cierto, ¿sabían que el punto más alto del microestado que acabamos de dejar está a tres metros de altitud?

Amanda – No, y nos da igual.

Consuela – No venimos a este paraíso fiscal a esquiar. Venimos a esconder nuestro dinero.

Diana – En Suiza se puede hacer las dos cosas.

Sergio vuelve.

Sergio – He izado la bandera de socorro. Pero si no queremos hundirnos antes de la llegada eventual del rescate, realmente necesitamos que alguien vuelva a achicar.

Max – Dijimos que las mujeres embarazadas estaban exentas, así que te toca a ti, Consuela.

Consuela – Carlos irá en mi lugar.

Carlos – ¿Y por qué eso?

Consuela – ¡Porque yo te mantengo, imbécil! ¡Eso es por qué!

Carlos – Voy... Por galantería... Pero tampoco me gusta que me llamen imbécil.

Carlos sale, haciéndolo a regañadientes.

Max – Si alguna vez salimos de esta, les prometo que les reembolsaré la mitad del precio del viaje.

Diana – ¡Y encima se burla de nosotros! Si salimos de esta, maldito, tendrá que vérselas con mi abogado.

Max – ¿Estás segura?

Diana – ¿Qué estás insinuando?

Max – Todos tenemos una buena razón para estar aquí, en este barco. Y para querer volver al continente sin pasar por aduanas. Todos, incluso tú...

Diana – ¿Qué te hace afirmar eso?

Max – Si no, nunca habrías aceptado pagar una suma tan grande por el viaje. Y no estarías tan apegada a tu maleta...

Sergio – Recuerdo que la compañía de ferry está en huelga.

Max – La huelga... es solo una excusa... Parece más bien que las ratas abandonan el barco... llevándose la cubertería.

Sergio – Si tan solo pudiéramos abandonar este maldito barco...

Max – ¿Y por qué todos estaban tan ansiosos por abandonar este refugio de paz para los millonarios apátridas?

Diana – No es asunto tuyo... Queríamos volver al continente lo antes posible, eso es todo. Los ferries están en huelga, nos subimos al primer barco que salía...

María – Cuando estás en el Titanic, debes elegir bien tu bote salvavidas... Desafortunadamente, siento que no tomamos la decisión correcta...

Max – Todos estamos en el mismo barco, es cierto. Pero no por las mismas razones. Y estaría curioso de saber cuál de esas maletas contiene más dinero... No la mía, eso está seguro...

Diana – Incluso si no tienes nada comprometedor en tus maletas, Capitán, te recuerdo que es un delito ser un coyote.

María – Especialmente cuando ni siquiera tienes tu licencia de navegación.

Carlos – Es cierto que si somos rescatados por la guardia costera, podríamos tener problemas...

Consuela – De todos modos, espero que no seamos rescatados por piratas.

Sergio – Aunque... Con ellos, siempre podríamos llegar a un acuerdo.

Consuela – Y al menos no terminaríamos en la cárcel.

María – Si es para terminar en el fondo del mar, devorados por tiburones...

Silencio incómodo.

Consuela – ¿Entonces qué hacemos? Además de achicar agua...

Sergio – ¿Qué quieres que hagamos? No tenemos más combustible. Solo podemos dejarnos llevar, esperando que las corrientes o los vientos nos lleven de vuelta a la costa.

María – ¿Es eso todo lo que propones?

Sergio – Oye, no soy el capitán de este barco, ¿ok? Pregúntale al idiota que nos llevó aquí, en alta mar, al borde del naufragio.

Todos los ojos se vuelven hacia Max, quien juzga más prudente mantener un perfil bajo.

Consuela – Empiezo a tener hambre.

Max – Lo siento, no había previsto bandejas de comida. La travesía debería haber durado solo unas pocas horas. Solo hay una bolsa de galletas abierta en la bodega.

Consuela – Creo que las personas con sobrepeso deberían ser prioritarias. Después de todo, necesitan comer más que los demás.

María – A menos que necesiten perder peso. ¡Y además, soy más gorda que ustedes, les recuerdo!

Consuela – Cuando terminemos las galletas, tal vez tengamos que comernos unos a otros. Como en la Balsa de la Medusa.

María – Exacto. Tiraremos a la suerte para saber quién será comido primero. Como en la canción.

Max – ¿Qué canción?

María comienza a cantar la famosa canción infantil.

María – Había un barco chiquitito, había un barco chiquitito...

Consuela mira hacia el vientre abultado de María.

Consuela – En la canción, es el más joven el que terminan comiéndose...

María – Entonces esperemos que no dé a luz en este barco.

Un silencio incómodo.

Sergio – Aun así, Max, hay algo que no entiendo.

Max – Ah sí...

Sergio – Ahora me toca hacerles una pregunta.

Max – Dígame.

Sergio – Hay otras formas más efectivas de ganar dinero que pilotar un barco de pesca sin tener licencia de navegación.

Diana – Sobre todo cuando ya eres muy rico, como usted dice.

Sergio – ¿Por qué se improvisó como coyote si no sabía manejar una barcaza?

Max – Les dije que es una larga historia.

Sergio – A este punto, no tenemos nada más que hacer que escucharla.

Max – Como saben, la compañía de ferries que normalmente conecta esta isla con el continente está en huelga...

Consuela – Sí, eso lo hemos notado, si no... ¿qué haríamos en este apuro?

Max – Los empleados dejaron de trabajar al enterarse de la venta de la compañía a un grupo financiero que anunció un gran recorte de personal.

Diana – ¿Y qué tiene que ver usted con todo esto?

Max – Soy el dueño de esa compañía de ferries. Bueno, lo era...

Diana – ¿Entonces es usted?

Consuela – ¿Lo conoces?

Diana – Digamos que... he oído hablar de esta venta.

Sergio – ¿Y por qué vendió esta compañía?

Max – Hice malas inversiones. Seguidas de algunas malas prácticas para intentar recuperarme. Estoy en bancarrota. El banco se aprovechó para comprarme mi empresa a un precio ridículo.

Sergio – ¿Y aceptó?

Max – Eso o ir directamente a prisión.

María – Eso no nos dice cómo llegó a robar un barco de pesca.

Max – Los marineros en huelga me tenían secuestrado en mi oficina. Escapé por poco de ser linchado. Logré salir, pero juzgué más prudente abandonar la isla lo más rápido posible. Tomé prestado un barco de pesca que estaba en seco.

Sergio – Sin duda para reparar esta vía de agua...

Max – Ni siquiera tenía suficiente combustible para llenar el tanque. Y luego necesitaba un poco de dinero en efectivo. Para sobrevivir al llegar al continente, mientras la suerte cambia.

Diana – Ya veo...

Max – Dejé que mi asistente firmara el contrato de venta con la negociadora del banco. Por cierto, también estuvieron a punto de lincharla.

Diana – Lo sé...

Max – ¿Cómo lo sabes?

Diana – Fui yo quien firmó el contrato en nombre del banco.

Max – ¿Eres la negociadora de Continental Finanzas? ¿La que llaman el tiburón?

Diana – La misma.

Max – Es irónico... Entonces, en cierto sentido, te salvé la vida.

Diana – No exageres... Te recuerdo que estamos perdidos en el mar, sin combustible y al borde del naufragio.

Max – Sí... y no sé qué me impide arrojarte por la borda. ¡Gracias a tus malos consejos, perdí mi inversión! ¡Y luego compras mi empresa por una miseria!

Diana – Solo estoy siguiendo las órdenes de mi dirección. Los tiempos son difíciles para todos. Es la crisis...

María – Es curioso, el mundo está en crisis desde que Dios lo creó... Y sin embargo, los ricos cada vez son más ricos.

Max *(a Diana)* – Prefiero ir a achicar agua... antes de ceder a los impulsos de asesinato que podría lamentar.

Silencio incómodo.

Consuela – Dígame, el "tiburón"... Hablaba de tus malos consejos, que lo arruinaron... Espero que me hayas dado mejores. También confié la gestión de todas mis inversiones a Continental Finanzas.

Diana – No te preocupes... Si somos los líderes mundiales en administración de patrimonios, no es por nada.

Sergio – A menos que tu banco haya construido su fortuna arruinando a sus clientes más ingenuos.

Consuela parece cada vez más preocupada. Carlos regresa.

Max – ¿Ya terminaste de achicar agua? ¿No hay más agua en la bodega?

Carlos – Ya no sirve de nada achicar agua. La vía de agua es demasiado importante...

María – Entonces es el fin. Solo nos queda rezar...

Carlos – ¡Haga algo, Consuela!

Consuela – ¿Qué quieres que haga, idiota? Los únicos problemas que sé resolver son aquellos que se pueden solucionar sacando el talonario de cheques.

Sergio – Desafortunadamente, esta vez dudo que podamos salir de esto así.

Momento de depresión general.

Consuela (*a Carlos*) – Y deja de morderte las uñas, me molesta.

Carlos – ¡Déjame en paz! Me morderé las uñas si quiero...

Amanda – Vaya... No le hablabas así antes, ¿verdad?

Carlos – Antes, soñaba con casarme con una multimillonaria. Pero ¿de qué me sirve casarme con una multimillonaria que va a morir? Especialmente si también voy a morir.

María se retuerce un poco.

María – Es una tortura...

Sergio – ¿No vas a dar a luz ahora, verdad? Sería lo que faltaba...

María – No, no se preocupen. No hay ningún riesgo...

Max regresa.

Max – No pude conectarme a la red, pero pude escuchar el pronóstico del tiempo marino con una vieja radio que encontré en la bodega.

Diana – ¿Y qué dice? ¿Sigue habiendo niebla?

Max – No, pero se dice que un tsunami acaba de arrasar el paraíso fiscal que acabamos de abandonar.

María – ¿Un tsunami?

Max – Con la suficiente amplitud como para sumergir completamente la isla, dada su baja altitud.

María – ¡Oh Dios mío! Es la enorme ola que casi nos engulle hace un rato.

Max – Nadie pudo ser advertido a tiempo. No hay sobrevivientes...

Amanda – ¡Pero es horrible!

María – Probablemente sea un castigo divino. Jesús también expulsó a los mercaderes del templo. Y Dios destruyó a Sodoma y Gomorra...

Max – De todas formas, para nosotros es un milagro... Si no hubiéramos abandonado la isla precipitadamente, todos habríamos muerto ahogados.

Sergio – Sí, qué feliz coincidencia...

Consuela *(a Max)* – En resumen, al embarcarnos en este naufragio, nos salvaste la vida...

Max – Es un hecho.

Diana – Te llamaremos Noé.

Amanda – Sí... Tomaste en tu arca un ejemplar de lo peor de la humanidad para asegurarte de que la especie sobreviviera a este diluvio.

Carlos – Escapamos al diluvio, pero desafortunadamente, nuestra arca se está hundiendo por detrás.

María – Esperemos que los equipos de rescate que acudan al lugar de la catástrofe puedan vernos y ayudarnos.

Consuela – Con un poco de suerte, dados los acontecimientos, no pensarán en revisar nuestras maletas...

Carlos – Como sea... A toda cosa, mal tiempo, buena cara.

Consuela – ¿Tienes otras expresiones estúpidas como esa?

Carlos – La desgracia de unos es la felicidad de otros, si prefieres.

Consuela – Preferiría que te callaras.

Amanda – ¿Van a empezar de nuevo?

Consuela – Y usted, ¿qué hace aquí? No parece ser los que vienen a esconder sus ahorros en un paraíso fiscal.

Amanda – No confíe demasiado en las apariencias. Mire, por ejemplo, usted. Es la prueba viviente de que la fortuna y la clase no siempre van de la mano...

Consuela – No me sacarás de la cabeza que usted no pertenece aquí. ¿Quién es realmente y qué esconde en esa ridícula maleta?

Amanda – No se atreve a tocarla.

Consuela – No tenemos nada que ocultarnos mutuamente. ¿Por qué no nos muestra lo que hay en esa maleta?

Sergio – Adelante, ábrela. Estamos en un punto sin retorno...

Amanda – Ni hablar.

Consuela – Vamos, Carlos, abre la maleta.

Carlos – No sé si...

Consuela – ¡Ábrela, te digo!

Carlos – ¿Y si es una maleta bomba?

Consuela – ¿Por qué crees que te pido que la abras, idiota?

Carlos – De acuerdo...

Avanza sin convicción hacia Amanda.

Amanda – Olvídalo... La abriré yo misma.

Amanda abre su maleta y saca una pistola que apunta a Carlos.

Amanda – ¡No les aconsejo que se acerquen!

Sergio – ¿Es para defender su virtud que camina con tal artillería?

Amanda – Lo admito... No soy quien creen que soy...

Carlos – Entonces, ¿quién es usted y qué hace?

Consuela – ¿Tráfico de armas? ¿Terrorismo?

Amanda – Soy policía. De la Brigada Financiera. Estaba aquí infiltrada, vigilando sus pequeños tráficos de todo tipo para atraparlos a todos in fraganti.

Max – ¿Y qué va a hacer ahora? ¿Meternos a todos en la bodega?

Amanda baja su arma.

Amanda – Tienen razón. Ahora es inútil. Todos vamos a morir, así que ¿para qué seguir jugando a policías y ladrones?

Negro.

Cuadro 5

Todos están allí. Sus ropas están desordenadas. Tienen la piel bronceada, incluso quemaduras solares.

Consuela – Realmente empiezo a tener hambre.

María – Podríamos pescar... Después de todo, estamos en un barco de pesca.

Sergio – No veo ninguna red.

Carlos – ¿Alguien sabe pescar?

Max – Sí, pesca de altura. En mi yate. Y con personal. Pero aquí...

Consuela – ¿Crees que llegaremos al canibalismo?

Carlos – En caso de extrema necesidad, no es un crimen.

Sergio – Sí lo es si tenemos que matar a la persona antes de comérsela...

Consuela – Bueno, entonces esperaremos a que el primero de nosotros muera de muerte natural.

Diana llega muy emocionada.

Diana – ¡Pesqué un pez!

Max – ¿Cómo lo hiciste?

Diana – Con una red.

Max – ¿Dónde encontraste una red?

Diana – Hice una con un palo de escoba y... mi ropa interior.

Sergio – ¿Y lograste atrapar un pez así?

Diana – Sí... No se movía. Estaba boca arriba. Debe haber estado durmiendo.

Amanda – ¿Los peces duermen?

Diana – Una pequeña siesta, quizás.

Sergio – O tal vez estaba muerto.

Diana – Es verdad que cuando lo saqué del agua... tenía un olor extraño.

Carlos – ¿Estás segura de que era el pez?

Consuela – En fin, Carlos...

Carlos – Lo siento, debe ser el sol. Estoy al borde de la insolación.

Sergio – ¿Y qué hiciste con él?

Diana – ¡Lo comí!

Silencio consternado.

María – Creo que esta vez hemos tocado fondo.

Carlos – Es una frase que adquiere un significado especial cuando se dice en un barco a punto de hundirse.

Consuela – Ahora comienza a hacer frases... Tienes razón, debe ser el sol...

Un momento.

Sergio *(a Consuela y Carlos)* – ¿Y ustedes, qué vinieron a hacer a esta isla?

Carlos – Estábamos en reconocimiento. Para nuestra luna de miel. Primero pensamos en Las Bahamas, pero ahora es tan cursi...

Consuela – Déjalo, mi pobre amigo. A este punto, puedo decirles la verdad.

Carlos – Pensé que era la verdad...

Consuela – Hago el viaje a este paraíso fiscal dos veces al año para poner mis ahorros a salvo.

Sergio – No me digas que tus maletas están vacías...

Consuela – Llevo efectivo y regreso con bonos al portador...

Sergio – ¿Y este año tuviste buena pesca? ¿Qué traes en tus redes? Quiero decir, en tu maleta. Es enorme...

Consuela – Bonos del tesoro emitidos por el microestado que administra esta isla.

Diana – ¿En serio...? ¿Y quién te aconsejó comprar eso?

Carlos – Continental Finanzas, ¿por qué?

Diana – Digamos que... ahora que esta república bananera ha sido destruida por este tsunami, tus bonos del tesoro no valen nada.

Consuela – ¿Estás segura?

Diana – ¿No has oído? En este momento, esta isla ya no existe. Ha sido borrada del mapa.

Carlos – ¿Qué? Pero entonces, Consuela, estás arruinada...

Diana – La compañía de ferry que acabamos de comprar no vale mucho tampoco... pero al menos resuelve el problema de la huelga. Y luego, nunca se sabe, hay que mantener la esperanza. Incluso si todos los marineros murieron ahogados, los barcos quizás todavía estén flotando.

María – Es cierto, es una tragedia terrible... Al menos nosotros todavía estamos vivos... Por ahora.

Max – Bueno, esta vez, Consuela, es tu turno.

Consuela – ¿Mi turno?

Max – ¡De vaciar el agua!

Consuela – Carlos, te toca a ti.

Carlos – No, estoy harto. No soy tu lacayo.

Consuela – ¿De verdad piensas lo que dices?

Carlos – He sido tu saco de boxeo durante años en la esperanza de un matrimonio que me haría tu heredero. Pero estás arruinada, y todos vamos a morir, entonces, ¿qué importa ahora?

Max *(a Consuela)* – Entonces, ¿te animas?

Consuela – ¿Para qué? Él tiene razón, todos vamos a morir. Entonces, un poco antes o un poco después. No vale la pena cansarse.

María – En ese caso... Solo tenemos que confiar en Dios...

Silencio.

Amanda – ¿Y tú, la Virgen María? ¿Qué te trajo realmente aquí?

María – Digamos que... también estoy en los negocios.

Consuela – ¿Qué tipo de negocios?

Amanda – Ya no hay necesidad de fingir, ya saben... Les recuerdo que soy policía. Estoy al tanto de todo.

María – Oh, y al demonio, es verdad... Ya no aguanto esto...

Se quita su falsa barriga.

Sergio – ¿Qué es esto?

María – Cocaína.

Carlos – Entonces, ¿ella es a quien vinieron a arrestar?

Amanda – Entre otros, sí... Porque en este barco, entre nosotros, tengo muchas opciones, ¿no?

Todos la miran.

María – Estás tomando un riesgo, mi querida...

Amanda – ¿Ah sí?

Consuela – Estás sola, somos seis.

Diana – Podríamos querer deshacernos de ti.

Sergio – En la situación en la que estamos, no sería sorprendente que no todos sobrevivamos...

Consuela – Tengo tanta hambre... ¿Y si la comemos a ella?

Dan un paso hacia Amanda. Ella saca su arma de nuevo.

Amanda – Olvidan que estoy armada...

Carlos – De acuerdo.

Todos se detienen, antes de dar un paso atrás con precaución.

María – ¿Y tú, Sergio? ¿Qué llevas en tu maleta? ¿Una bomba atómica miniaturizada?

Sergio – No, pero es igual de explosivo...

Carlos – Has dicho demasiado o no lo suficiente... ¿Qué es?

Sergio – Fondos de campaña secretos. Provenientes de donantes totalmente desinteresados, (*señalando a Consuela*) como la señora...

Carlos – No sabía que eras tan generosa, mi querida...

Consuela – Aunque seamos desinteresados, siempre podemos esperar algunos favores a cambio, si nuestro querido Presidente es reelegido. ¿Y qué? ¿Prefieres que la izquierda vuelva al poder?

Max (*a Sergio*) – De acuerdo... Entonces por eso tampoco querías pasar por la aduana...

Carlos – Es increíble lo solidarios que pueden ser los ricos entre sí cuando se trata de preservar sus privilegios...

Sergio – Estoy siguiendo órdenes. El Presidente me ha pedido que recupere urgentemente los fondos retenidos por su comité de campaña en este paraíso fiscal.

María – Con urgencia... Entonces sabías sobre el tsunami, ¿verdad?

Sergio – Como jefe de las fuerzas armadas, el Presidente tiene acceso privilegiado a la meteorología marina.

María – Temía por su tesoro de guerra. Pero no le avisó a nadie más sobre el maremoto que arrasó esta isla y a todos sus habitantes...

Sergio – De todas formas, no había lugar para todos en los barcos. Solo unos pocos privilegiados fueron informados.

María – Sus generosos donantes, por ejemplo. Los que financian su campaña.

Max – Sí... Como tú, Consuela.

Carlos – Entonces, ¿tú también lo sabías?

Consuela – ¡Deberías agradecerme, imbécil! Después de todo, te salvé la vida...

Carlos – ¡Solo habías hecho una reserva para ti! Si no te hubiera atrapado en el vestíbulo del hotel mientras te ibas apresuradamente...

Amanda – Si puede consolarlos, yo tampoco lo sabía. Y sin embargo, soy de la policía. Si no hubiera decidido seguir a toda esta gente, habría sido arrastrada por el tsunami...

Carlos – Probablemente eso es lo que el presidente quería. Enterrar la investigación con la investigadora... *(A Diana)* ¿Tú también lo sabías?

Diana – No... Pero claramente, mi jefe estaba al tanto... Ahora entiendo por qué estaba tan ansioso por liquidar su cuenta en este paraíso fiscal, y por qué me envió allí para llevar su dinero en efectivo de regreso.

Max – Omitiendo advertirte que podrías ser arrastrada por un tsunami.

Diana – Y yo que confiaba plenamente en él... Estoy decepcionada...

Sergio – ¿Confiar en el jefe del banco más grande de Francia? Su ingenuidad me sorprende, mi querida.

Carlos – Y pensar que te llaman "el tiburón"...

Diana – Pensé que incluso los tiburones tenían una familia, que yo formaba parte de ella, y que los tiburones no se devoraban entre sí...

Sergio – Bueno, ahora está claro sobre los límites de la solidaridad entre los verdaderos multimillonarios y aquellos que les sirven como siervos esperando que les dejen algunas migajas del banquete.

Max – Como dijo uno de nuestros grandes filósofos: "Cuando las gaviotas siguen a un barco de pesca, es porque piensan que les van a tirar sardinas".

Sergio – No conocía esa cita... ¿Cuál es el nombre de ese filósofo?

Max – Un futbolista.

María *(a Sergio)* – De todos modos, podrías haber advertido a los marineros en huelga. Dadas las circunstancias, hubieran vuelto al trabajo sin que se lo pidieran...

Sergio – Podríamos haberlo hecho, sí...

María – Pero...?

Sergio – El jefe de estado de esta república bananera fue en el pasado un amigo de Francia. Y sobre todo, un amigo personal de nuestro presidente. También era muy generoso. Desafortunadamente...

Max – Supongo que ese amigo se ha vuelto demasiado incómodo...

Sergio – No puedo decir más. Este expediente es de interés de estado.

Max – En cualquier caso, ahora el problema está resuelto...

Sergio – Gracias a Dios.

Max – Y a este tsunami...

Negro

Cuadro 6

Todos están aquí, excepto María. Cada vez se parecen más a náufragos. María llega muy emocionada con una botella de agua en cada mano.

María – ¡Es un prodigio! Ayer había dos botellas de agua y esta mañana hay cuatro.

Amanda – La multiplicación de las botellas... ¿Una intervención divina, sin duda?

Max – No, pero aún así es un pequeño milagro. Llovió anoche y pude llenar algunas botellas vacías.

Carlos – No sabía que llovía en medio del mar.

Max – ¿Te sorprende?

Carlos – Sí. No sé por qué...

Max – Nos permitirá no morir de sed de inmediato.

Carlos – ¿Sabes por qué el agua del mar es salada, Capitán?

Max – No... ¿Y tú?

Carlos – Yo tampoco...

Consuela – ¿Estás seguro de que no has sufrido una insolación, pobre Carlos? Deberías ponerte un sombrero.

Carlos – ¿Te das cuenta de que si el agua del mar no fuera salada? Resolvería muchos problemas en el mundo.

Amanda – ¿Va a seguir molestando por mucho tiempo?

Diana – Por lo que respecta a morir de hambre, afortunadamente, con todos estos peces muertos que suben a la superficie...

Sergio – La contaminación de los océanos es buena, después de todo.

María – A menos que todos muramos envenenados. Como estos peces enfermos que tenemos que comer, medio podridos.

Diana saca uno de esos peces y le da un bocado.

Diana – No está tan mal.

Amanda – Sí... Uno se acostumbra.

Consuela – Creo que ya he perdido unos diez kilos.

Carlos – Bueno, ¿ves? Al final, la liposucción puede esperar un poco más...

Amanda – Voy a ver si puedo pescar algunos...

Amanda se aleja. Los demás siguen masticando sus peces. Amanda vuelve precipitadamente.

Amanda – ¡Ya está, vemos la costa!

Diana – ¿No?

Amanda – ¡Pero sí, mirad!

Todos miran.

Consuela – ¿No es una ilusión, al menos?

Max – ¡Maldición, sí, es verdad!

Carlos – ¡Tierra! ¡Tierra! Es increíble, me siento como Cristóbal Colón cuando descubrió América.

María – Espero que no hayamos derivado tan lejos, pero... ¡Gracias a Dios, estamos a salvo!

Max – Ya era hora. Incluso sacando agua día y noche, el barco se hundía cada vez más.

El ambiente se relaja de inmediato y recuperan la sonrisa.

Diana – Uf... Finalmente encontraremos la civilización.

Max – Excepto que perdimos mucho dinero.

Consuela – Y algunos kilos.

Max – Al final lo recuperaremos. Rico un día, rico siempre...

Sergio – Sí... A menos que acabemos en la cárcel.

Todos los ojos se vuelven hacia Amanda.

Amanda – Les prometo que no diré nada. Después de todo lo que hemos vivido juntos...

Consuela – Gracias.

Amanda – Pero el Presidente, él está saliendo bastante bien, ¿no?

Sergio – Percibo como una insinuación en este último comentario... incluso un intento de chantaje con extorsión de fondos.

Amanda – Palabras grandes de inmediato... Pero no estaría en contra de una pequeña gratificación por el servicio prestado a la patria... y en recompensa por mi discreción.

Max – Y nosotros no estaríamos en contra de una pequeña compensación también. Porque con todo el dinero que perdimos en este desastre ecológico...

María – Entre nosotros, si contáramos lo que sabemos... La reelección de su Presidente estaría seriamente comprometida.

Sergio – Bueno, entre gente bien educada, siempre se puede arreglar...

Max – ¿Y por qué no una pequeña medalla? Gracias a mi acción heroica, logré salvar algunas vidas.

Sergio – Hablaré con el Presidente.

Todos vuelven a mirar hacia la costa.

Max – Los vientos son favorables, nos acercamos a la costa. Solo hay que esperar...

Consuela – Es extraño. No parece demasiado la costa francesa.

Carlos – Es cierto... Con todas estas palmeras...

Amanda – Lo que es seguro es que no es Bretaña.

Sergio – Y no es la bandera francesa la que ondea sobre el puerto.

Carlos – ¿Qué puede ser? ¿Córcega?

Sergio – Hay un barco que viene, les preguntaremos.

María – Es solo una gran barca, y hay alrededor de cien personas en ella.

Consuela – Parecen migrantes.

Carlos – Pero, ¿por qué dejarían Francia para dirigirse al mar?

Diana – Ahora veo mejor la bandera.

María – Se parece un poco a Marruecos...

Max – ¿Qué bandera es?

Amanda (*a Sergio*) – ¿Sabes algo de banderas?

Carlos – ¿No es la bandera palestina, al menos?

Sergio – Peor...

Consuela – ¿Qué puede ser peor que desembarcar en la Franja de Gaza?

Sergio – Es la bandera de Libia...

Todos se quedan paralizados, atónitos.

Negro

Cuadro 7

Todos están allí, aturdidos, con la mirada hacia el fondo de la sala, que representa esta costa inhóspita.

Amanda – Esta vez se ve muy bien la playa.

Consuela – Sí, pero me pregunto si hay algo que celebrar.

María – Incluso empezamos a ver sus rostros.

Max – Y sus Kalashnikovs...

Carlos – Parece que algunos se están divirtiendo.

Diana – Van a sorprenderse al vernos, seguro.

Sergio – Por supuesto. Por lo general, el tráfico va en la otra dirección.

María – Una banda de franceses desembarcando en las costas libias con maletas llenas de billetes, bonos del Tesoro y bolsas de coca...

Max – Tal vez sería mejor deshacernos de todo esto, ¿no?

Consuela – ¿Lanzar nuestro dinero por encima de bordo?

Sergio – Siempre podríamos darles los bonos del Tesoro, ya no valen nada.

Diana – Si nos encuentran con todo este dinero, nos matarán para despojarnos de él.

Sergio – Pero si llegamos con las manos vacías, harapientos y medio muertos de hambre, no lo entenderán... y también podrían enojarse.

María – Es difícil hacerse pasar por migrantes franceses tratando de desembarcar en Libia para pedir asilo político.

Max – Siempre podemos decirles la verdad.

Amanda – Nunca nos creerán.

María – Hay que decir que esta historia es bastante difícil de creer.

Max – Sí...

Suena un teléfono móvil. Es el de Sergio, que responde.

Sergio – Sí...? Sí, señor Presidente. Muy bien, señor Presidente. Gracias, señor Presidente.

Guarda su móvil.

Consuela – ¿Y entonces?

Sergio – Era el Presidente.

María – ¿Y qué?

Sergio – Las fuerzas aéreas francesas presentes en la región acaban de localizarnos. Nos envían un helicóptero.

Se escucha el ruido del helicóptero de reconocimiento, que se acerca y luego se aleja.

María – ¡Dios existe!

Consuela – ¡Estamos salvados! Por fin, espero que esta vez sea la buena...

Carlos – Sí, porque ya estamos hartos de todos estos giros. Esta comedia ha durado demasiado.

Sergio – Tranquilos, esta vez es el final de todos nuestros problemas.

Amanda – ¿No les parece un poco western este final? Con la llegada de la caballería...

María – Lo importante es que todo terminó bien.

Diana – Sí... Un verdadero cuento de hadas.

Max – Incluso podría terminar con una boda... Como capitán de este barco, estaría habilitado para celebrarla.

Carlos – Bueno, me atrevo... (*Se arrodilla frente a Consuela*) ¿Consuela, quieres ser mi esposa?

Consuela – ¡Vete al carajo!

Amanda – Lamentablemente, no será esta vez.

Diana – Pero la buena noticia es que en unas pocas horas estaremos en Francia.

Alivio general y felicitaciones mutuas.

Diana – Menos mal que el Presidente valora su colaboración. Debe ser un colaborador muy valioso.

Sergio – Sobre todo valora recuperar su maleta y los millones que contiene para financiar su campaña.

María – ¿Estás seguro de que no acabaremos todos en la cárcel? Tengo al menos cinco kilos de cocaína en mi equipaje de mano.

Consuela – Después de todo lo que acabamos de pasar, la cárcel sería casi un alivio.

Sergio – Tranquilos, se los prometí. El Presidente hará todo lo posible por mantener este asunto en secreto.

Amanda – Será el ejército quien nos repatriará, no la policía. Eso facilitará mucho las cosas.

Sergio – Las Fuerzas Especiales están acostumbradas a tratos sucios, y están al servicio del Presidente.

Diana – Menos mal, menos mal... Entonces, en resumen... ¡Todo está bien lo que termina bien!

Carlos – Excepto para algunos ciudadanos de este pequeño estado que acaba de ser borrado del mapa.

Consuela – Bueno, casi todos eran empleados de banco. Si hablamos de un paraíso fiscal, podemos considerar que murieron por la patria.

Max – Y hay que decirlo, la desaparición de Sodoma y Gomorra arregla los asuntos de todos, ¿no es cierto, Sergio?

Sergio – Ahora puedo decirles que el Estado francés, en la persona de su Presidente, tenía una enorme deuda con el Banco Central de este pequeño paraíso.

Amanda – Sin paraíso, no hay deuda.

Sergio – Y cuando las deudas de Francia se borran, todos los franceses son un poco más ricos. Bueno, algunos franceses al menos...

Diana – Eso es lo que se llama una deuda mágica: borramos todo y empezamos de nuevo. El espectáculo ha terminado, pero los negocios continúan.

Sergio – El Presidente prometió eliminar los paraísos fiscales. Por una vez, un candidato que cumple sus promesas.

Max – Un paraíso perdido, diez recuperados.

Amanda – Pero por ahora, gracias a nuestro amado Presidente, volveremos a nuestro hermoso país.

Carlos – ¡Viva el Presidente!

Sergio – ¡Viva la República!

Carlos – ¡Viva Francia!

Todos juntos – ¡Y viva la Finanza!

Todos se detienen en posición de firmes. La Marsellesa suena y luego se desvanece mientras todos salen en formación cerrada y al paso. Diana está al final de la fila y sale por última vez.

Diana (*saliendo*) – Acabo de tener un nuevo orgasmo...

Negro.

Fin

Novembro de 2023